Im schatten des wölfischen
ein antidotarium

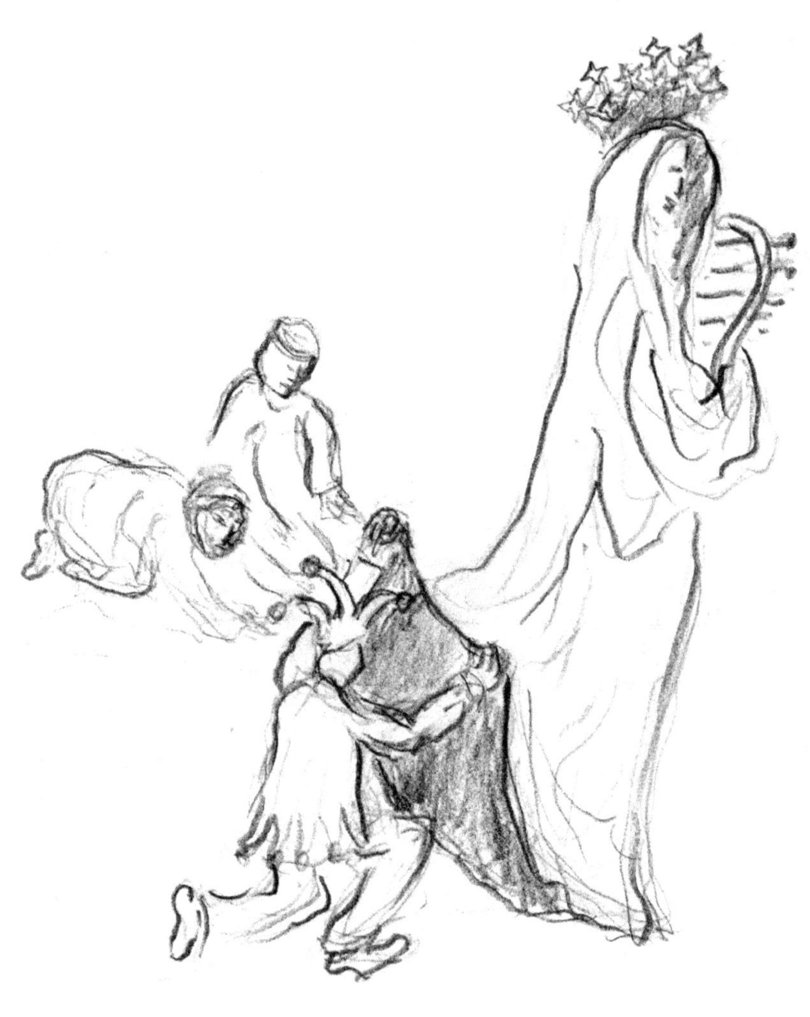

Inschrift am eingang des tempels der Isis in Sais

»Ich bin alles, was da ist,
was da war, und was da sein wird, und meinen
Schleier hat kein Sterblicher aufgedeckt.«

im schatten des wölfischen

ein antidotarium

jürgen rahn

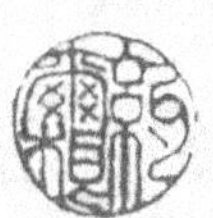

Bibliografische Information der Deutschen Nationalbibliothek: Die Deutsche Nationalbibliothek verzeichnet diese Publikation in der Deutschen Nationalbibliografie; detaillierte bibliografische Daten sind im Internet über dnb.dnb.de abrufbar.

»im schatten des wölfischen – ein antidotarium«

ISBN: 978-3-7597-8562-6
Verlag: BoD · Books on Demand GmbH, In de Tarpen 42, 22848 Norderstedt
Druck: Libri Plureos GmbH, Friedensallee 273, 22763 Hamburg

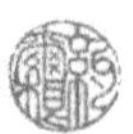

Haikus neben den Abbildungen sind aus
dem "Japanischen Taschenkalender" 2024
den täglichen Eintragungen des Autors

Die Abbildungen sind Yijing-Tuschen
aus der Zeit vom 08. Juni bis 22. Juni 2024
im hessischen Binsförth entstanden

Mahnung
an stelle einer widmung

nach erneuter inthronisation
der vorsitzenden einer kommission
zur steuerung bürokratischer
regulierungsbehörden eines kontinents
in unmissverständlicher rede
ihre bellizistische mission betonend
den störrischen zivilen bevölkerungen
kriegstüchtigkeit aufzuzwingen
friedensbemühungen sind unmoralisch
werden als illegitim denunziert
dazu ein zitat
am 18. juli 2024 16:05
aus dem englischen Guardien

"this so-called peace mission was nothing
but an appeasement mission,"
generating the biggest applause
of her 50-minute speech.

... and the war drags on
(Donovan Phillips Leitch)

im schatten des wölfischen
verdichtet ohne reim

ein predator aus dem westen
der untergehenden sonne
dunkler zeichen schattenwurf
krakententakel
weltumschlingend
völker im würgegriff

transatlantischer hegemon
eingeschüchterte vasallen
als frontstaaten auserkoren
kreuzzugsphantasien
vernichtung des bösen
dämonisierter nachbar
im schatten des wölfischen

feindschaften hochkochen
angst und mißtrauen schüren
en-gi-o's, willige helfer
käuflich ist alles
es gibt nur *wir* und *die*
wir ist die richtigen seite

freiheit als mogelpackung
gestade des valiums
privatheit in verruf
gläserne existenz
pantoffeltierchen
im meer des unwissens

krieg verzehrt was frieden beschert
des marsgottes blutige ernte
der regierenden narrheit
selbstgerecht fordernd
all ihr namenlosen
müsst opfer bringen
im schatten des wölfischen

kein privater konsum
    kommt dem materialverschleiß
      der kriegswirtschaft gleich
        aktiengewinne der wenigen
          bedingen den tod vieler
        auf dem feld der ehre

einst mit gott auf ihrer seite
    heute, wertebasierte ordnung
      macht der parteioligarchen
        herren über leben und tod
        endkampf gut gegen böse
        frieden verbietet sich

politik wendet keine zeit, wendet
    sich gegen den wert der sprache
      sie unsagbar machen
        waffen retten leben
      entmündigung macht frei
      die front, elysium der helden

freund-feind denken
    generiert keine werte
      diese politik gipfelt in einem punkt
        dieser eine punkt ist der krieg
        zielstrebig vorbereitet
      the writing on the wall

der jugend die neue tugend
    des lebens höchster sinn
      schulfach kriegstüchtigkeit
        anästhesierung freien denkes
        handfessel daumenkino
      dumpf dröhnt die meinungshoheit
        im schatten des wölfischen

überleitung
zum besseren

"Es ist überall nichts in der Welt, ja überhaupt auch außer derselben zu denken möglich, was ohne Einschränkung für gut könnte gehalten werden, als allein ein **guter Wille**."

Damit beginnt Immanuel Kant in seiner
»Grundlegung zur Metaphysik der Sitten«
den ersten Abschnitt.

wie es sich gehört
nun der lichtblick
die

Widmung

Ob düstere realsatire
oder dystopische gegenwart
mentale resistenz tut not

Aus Lao-tzus "Tao-Te-King" kapitel 76

Das Harte und das Steife folgt dem Tod.
Das Zarte und Weiche folgt dem Leben.
(übersetzung Sylvia Luetjohann)

Sind die Waffen stark, so siegen sie nicht.
Sind die Bäume stark, so werden sie gefällt.
(übersetzung Richard Wilhelm)

weigert euch dem krieg
nur auf friedsamen feldern
wachsen uns ähren

lass ab die sorgen
morgen versinkt im gestern
ein wölkchen im tee

Yijing kapitel LXI

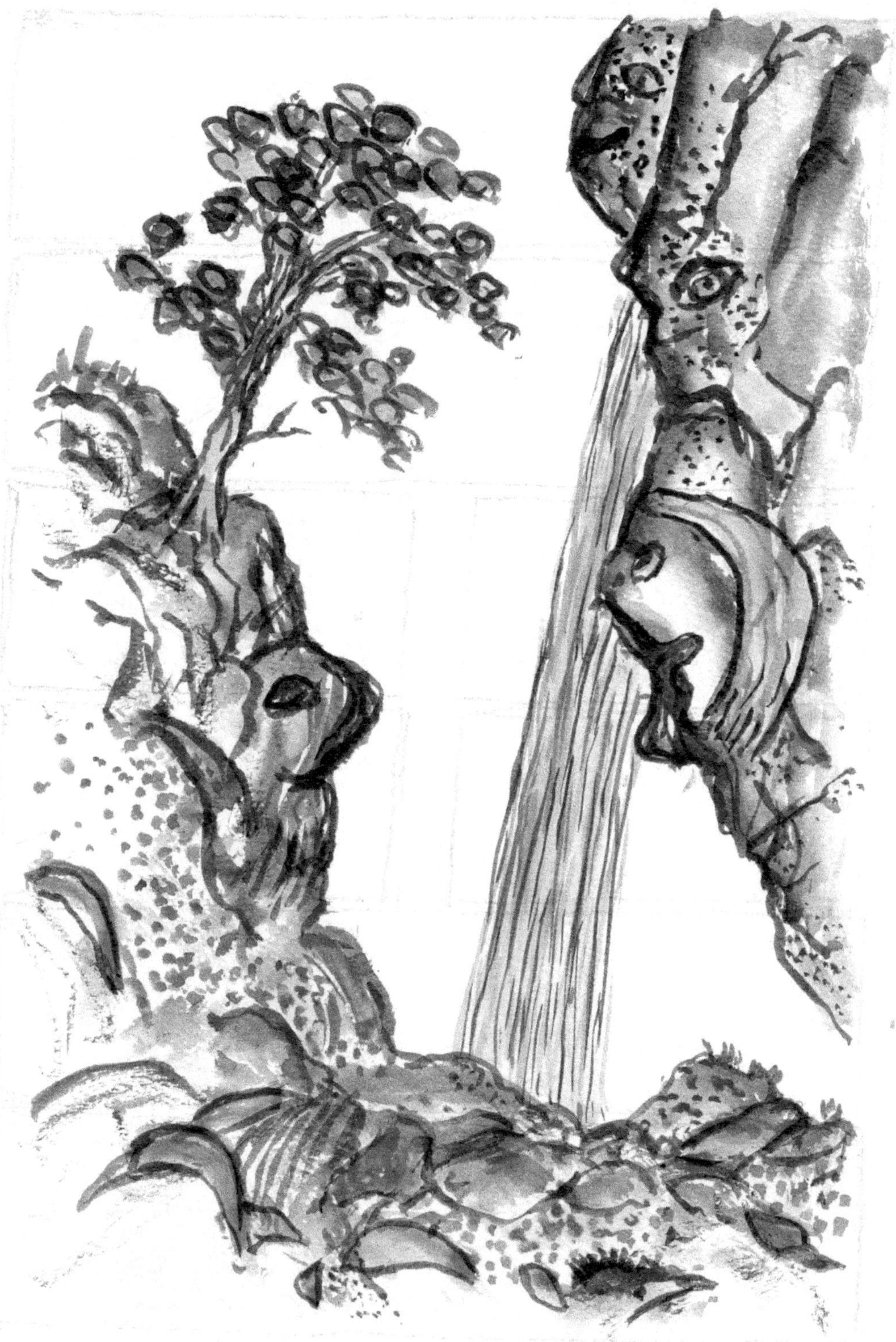

die schrift an der wand
nicht waffengebrauch, sondern
vernunft und verstand

berg und tal im streit
wem gilt die gunst der sonne
die erde schweigt

Yijing kapitel XXXI

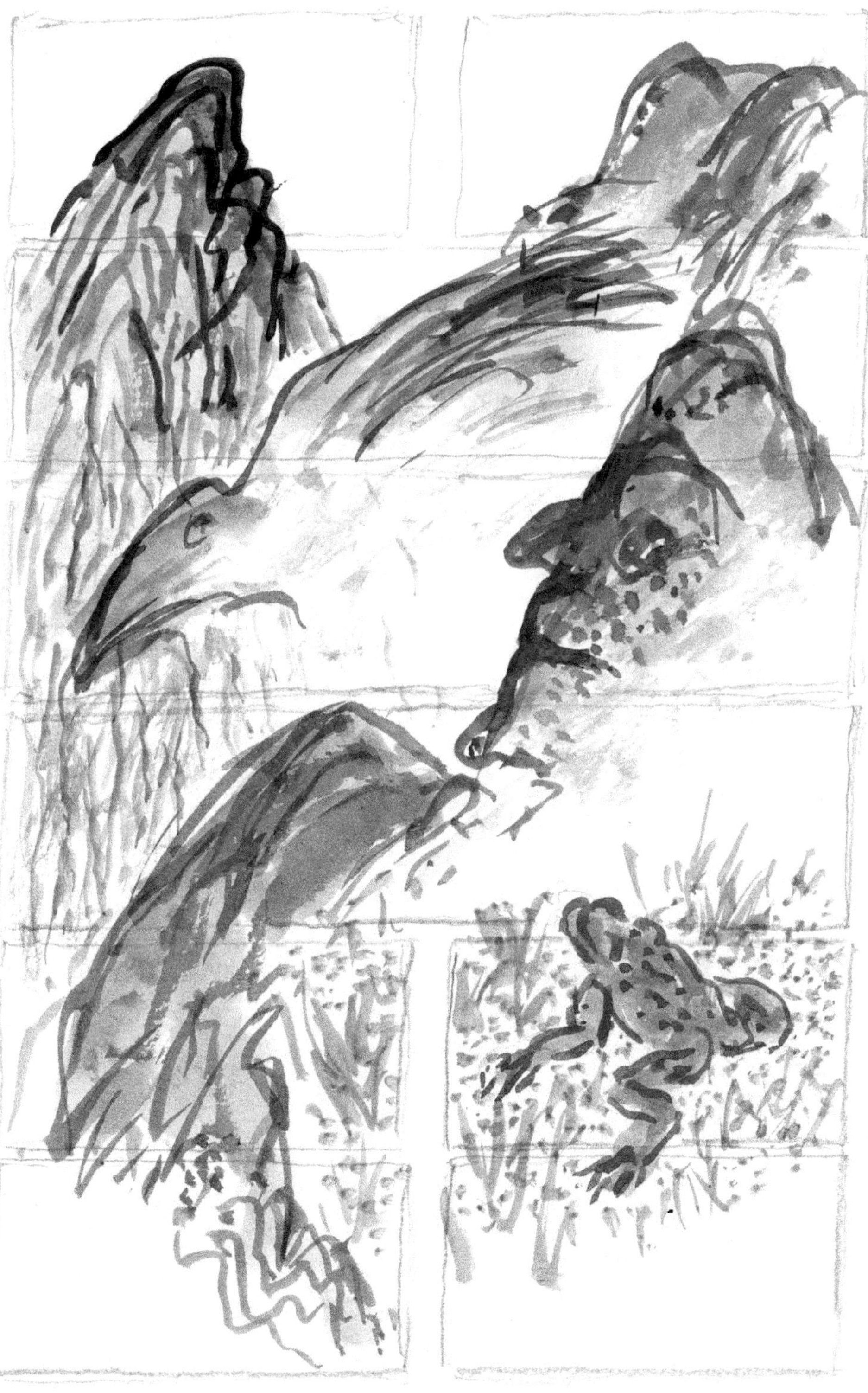

torheit der macht
was scheren sie die wähler
rüsten für den krieg

milde morgenluft
auf regenlachen spiegelt
silbrig die sonne

Yijing kapitel XXXIV

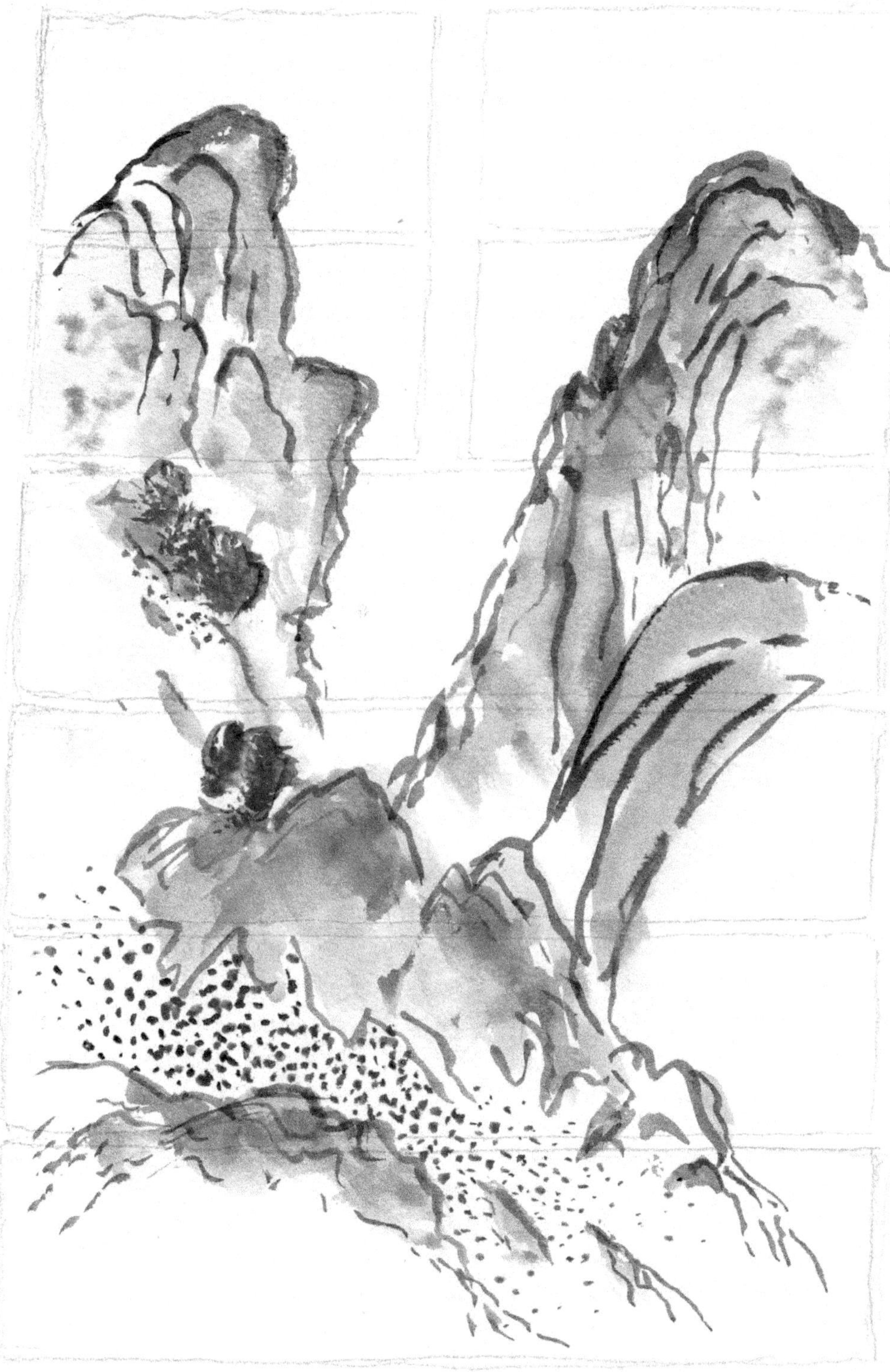

kreuzzügler branden
gegen das reich des bösen
bar jeder vernunft

sonnendurchflutet
aus noch kahlem baumgeäst
des buchfinks gesang

Yijing kapitel XXVI

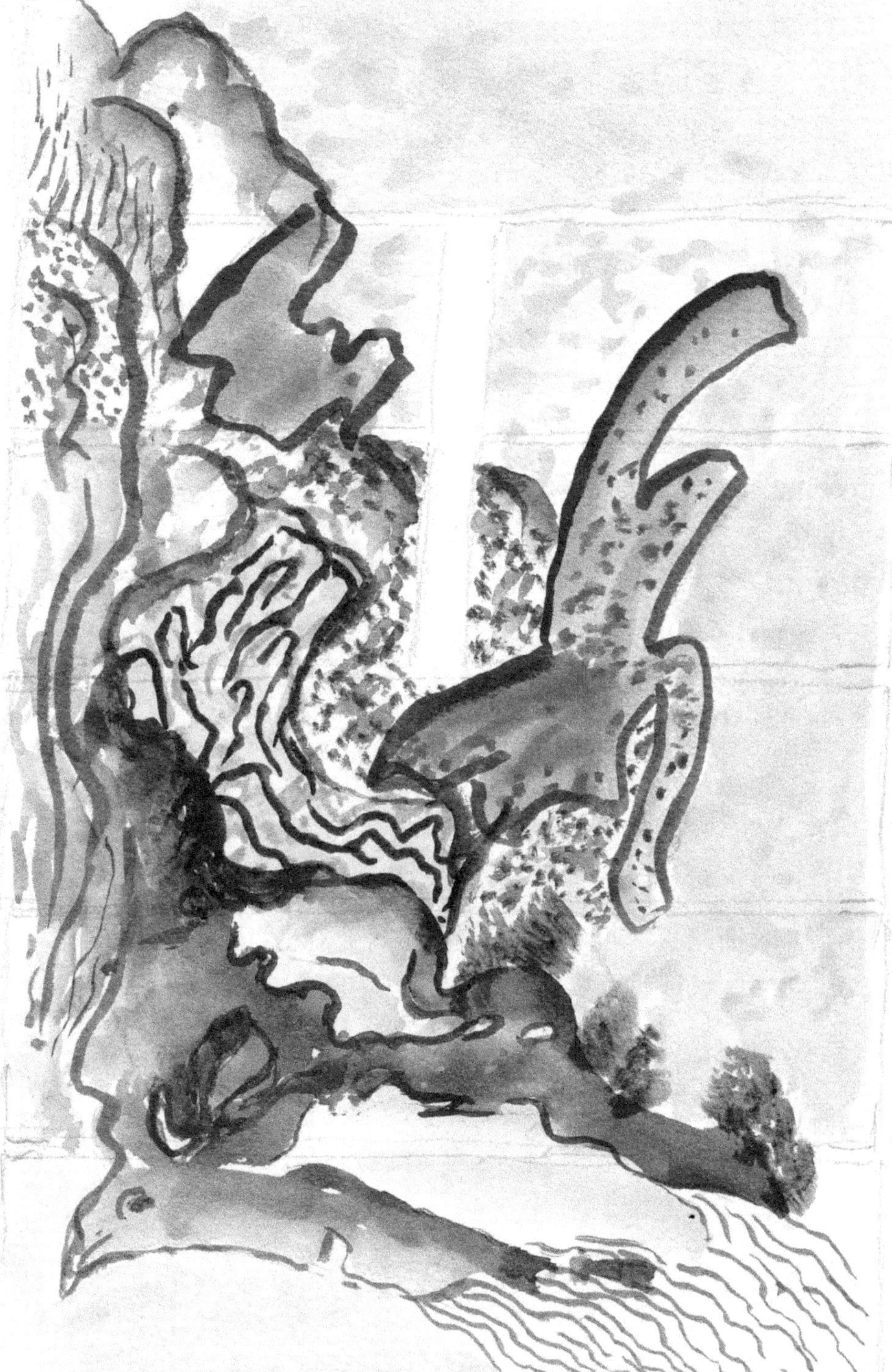

westliche werte
des kaisers neue kleider
kennen keine scham

croissant und apfel
mit heißer schkolade
ein erstes frühstück

Yijing kapitel XLIV

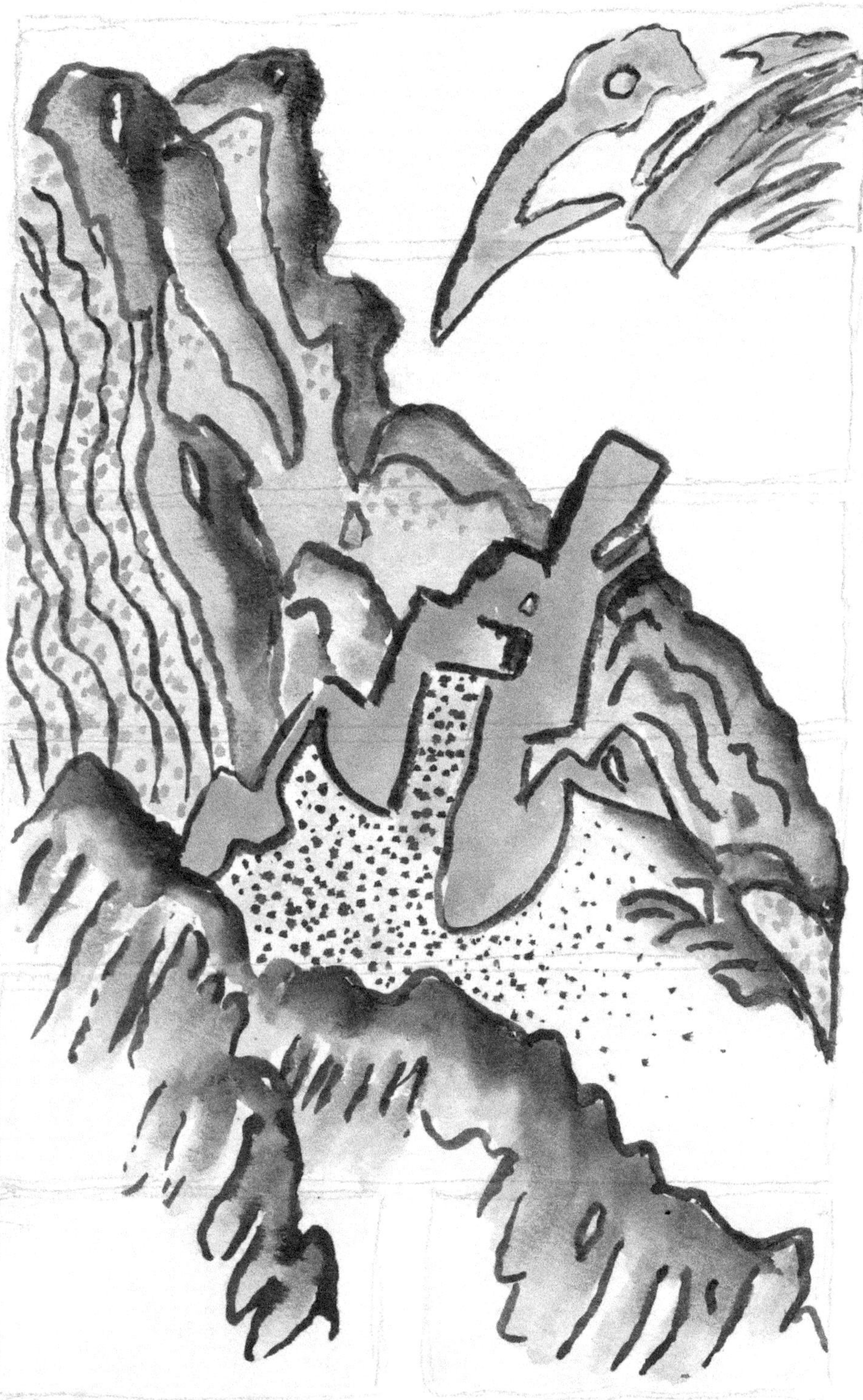

der wähler unmut
gilt als undemokratisch
sei an allem schuld

nieselnasse luft
atme wasser wie ein fisch
im aquarium

Yijing kapitel VII

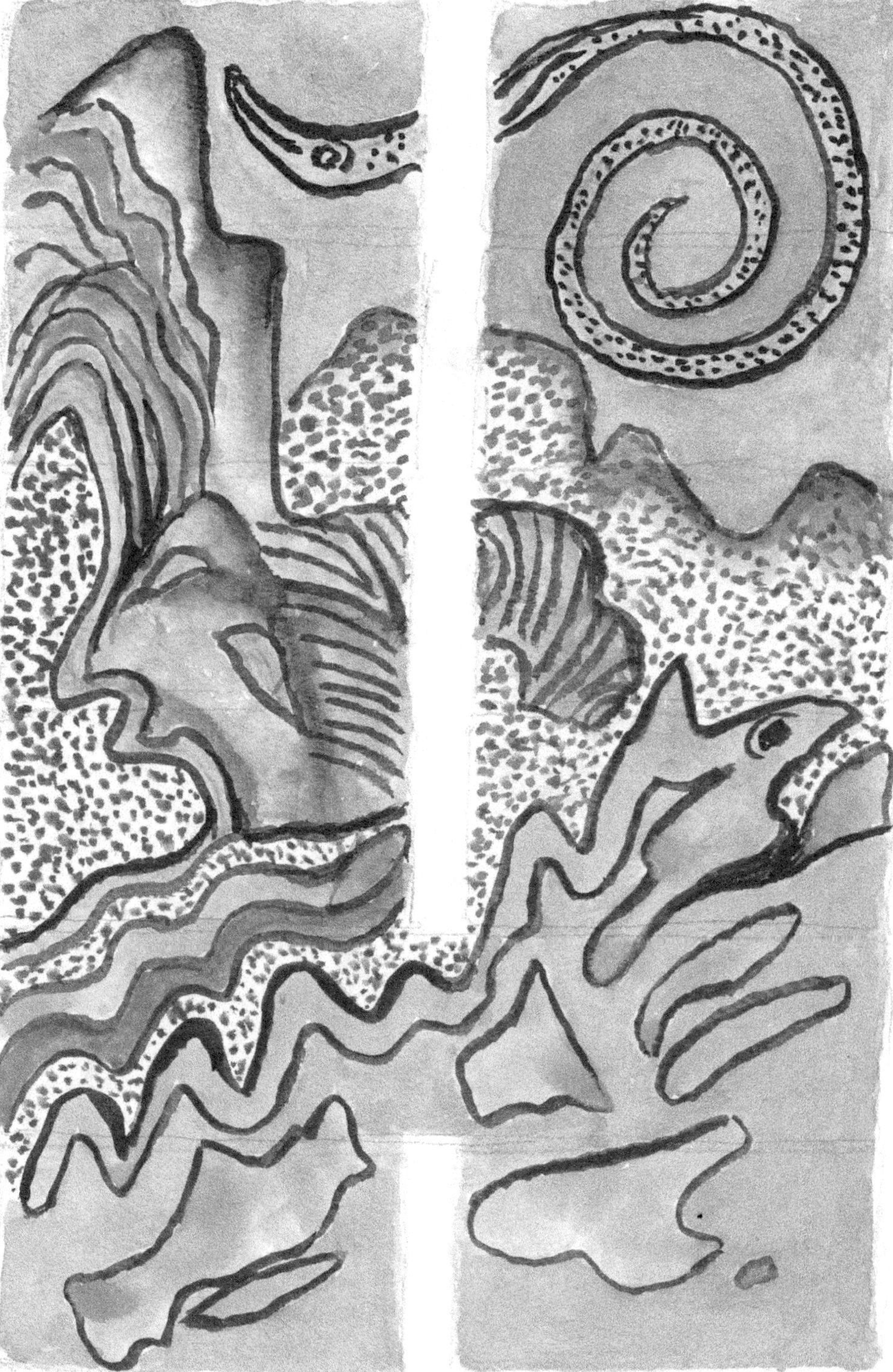

pflege die distanz
zum tollhaus, der politk
destruktive macht

lauschend am brunnen
ständig steigend und stürzend
die wassersäule

Yijing kapitel XI

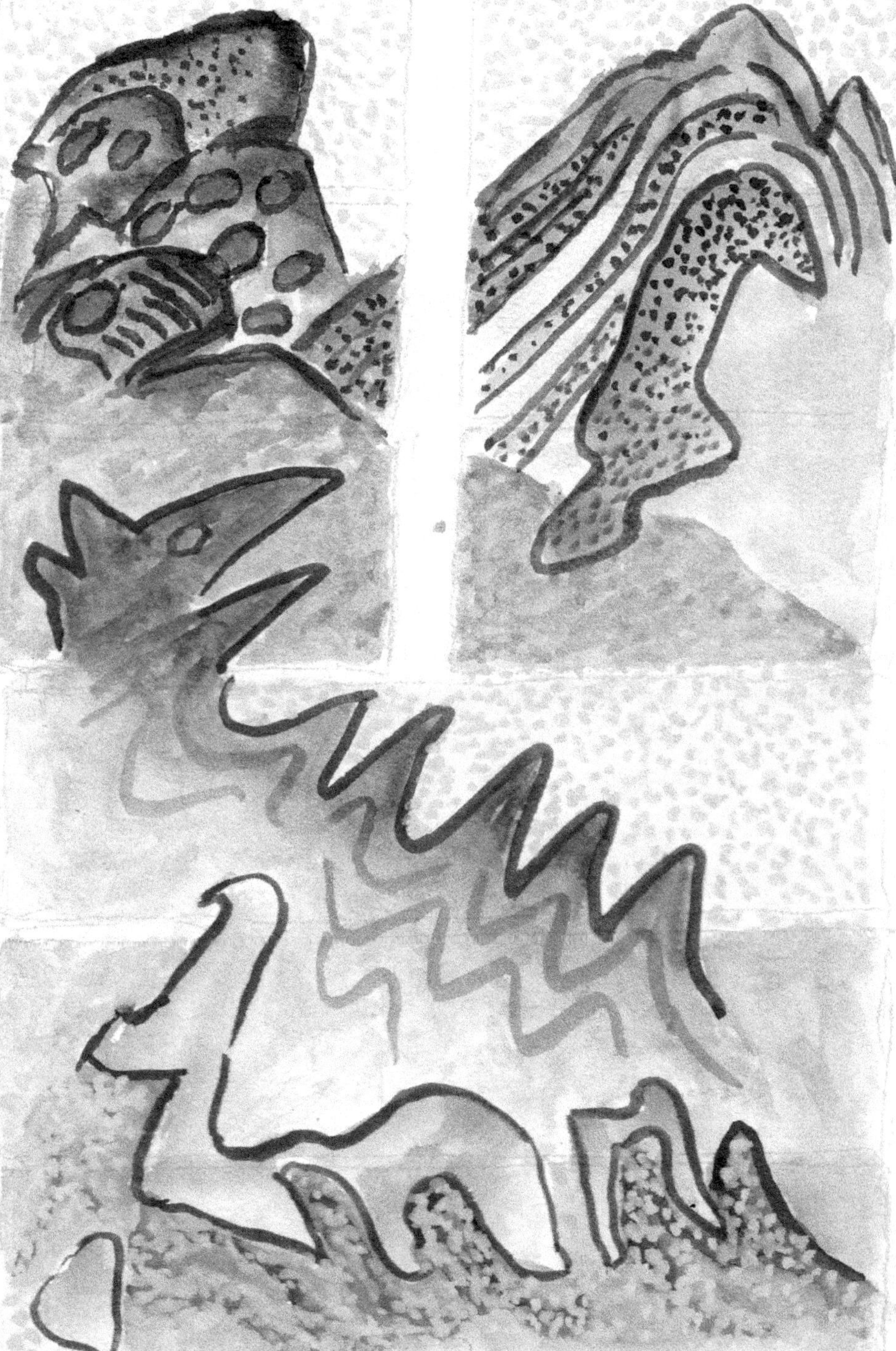

verstehen wollen
statt maulkorb der staatsräson
das recht auf wissen

das innehalten
quelle des empfangenden
der inspiration

Yijing kapitel XXXIX

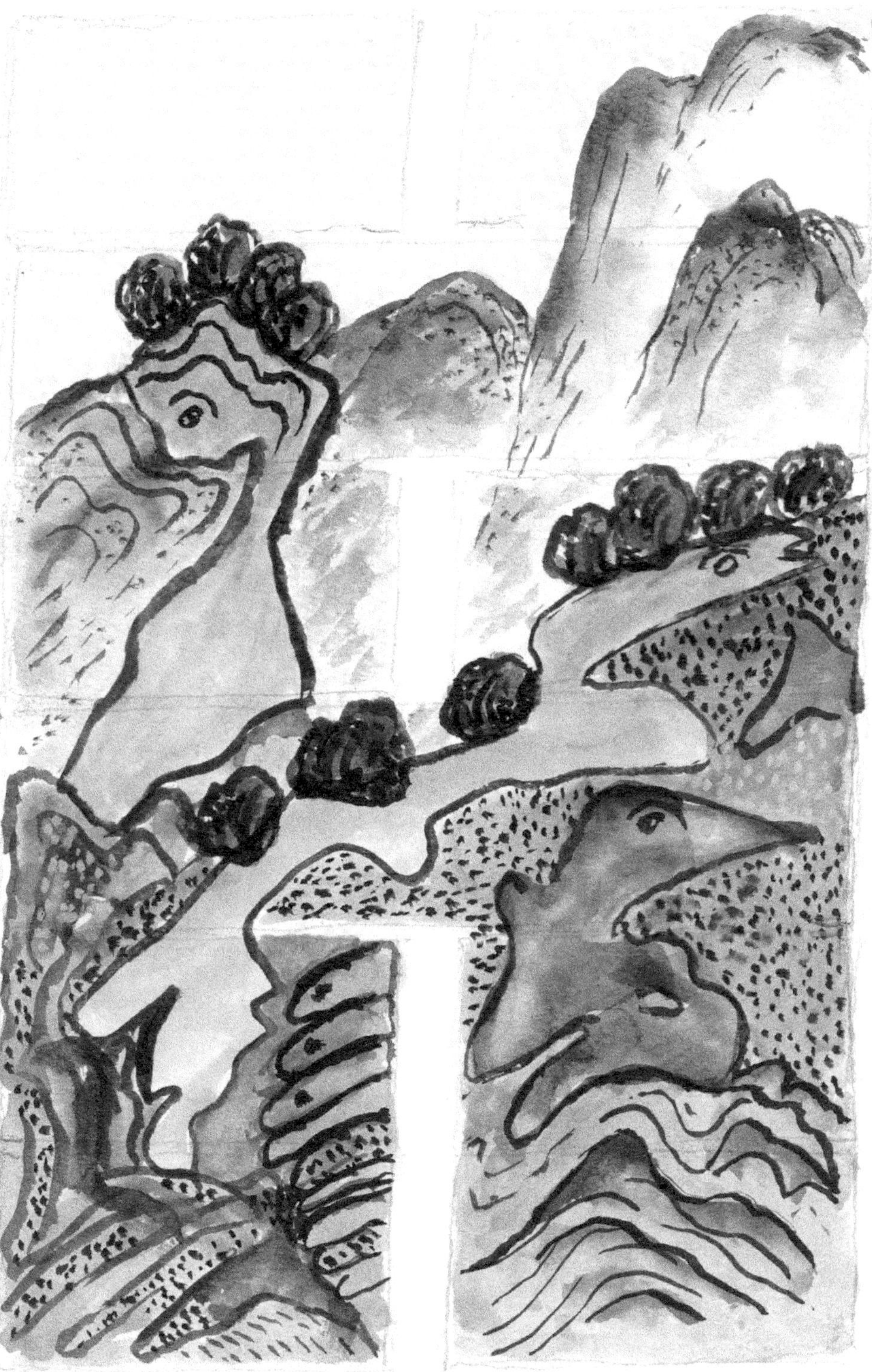

der wahnsinn grassiert
kriegswirtschaft braucht ihren krieg
das schmiermittel blut

die nacht hebt ihr tuch
morgenlicht breitet sich aus
farbe fliesst durchs gras

Yijing kapitel XIV

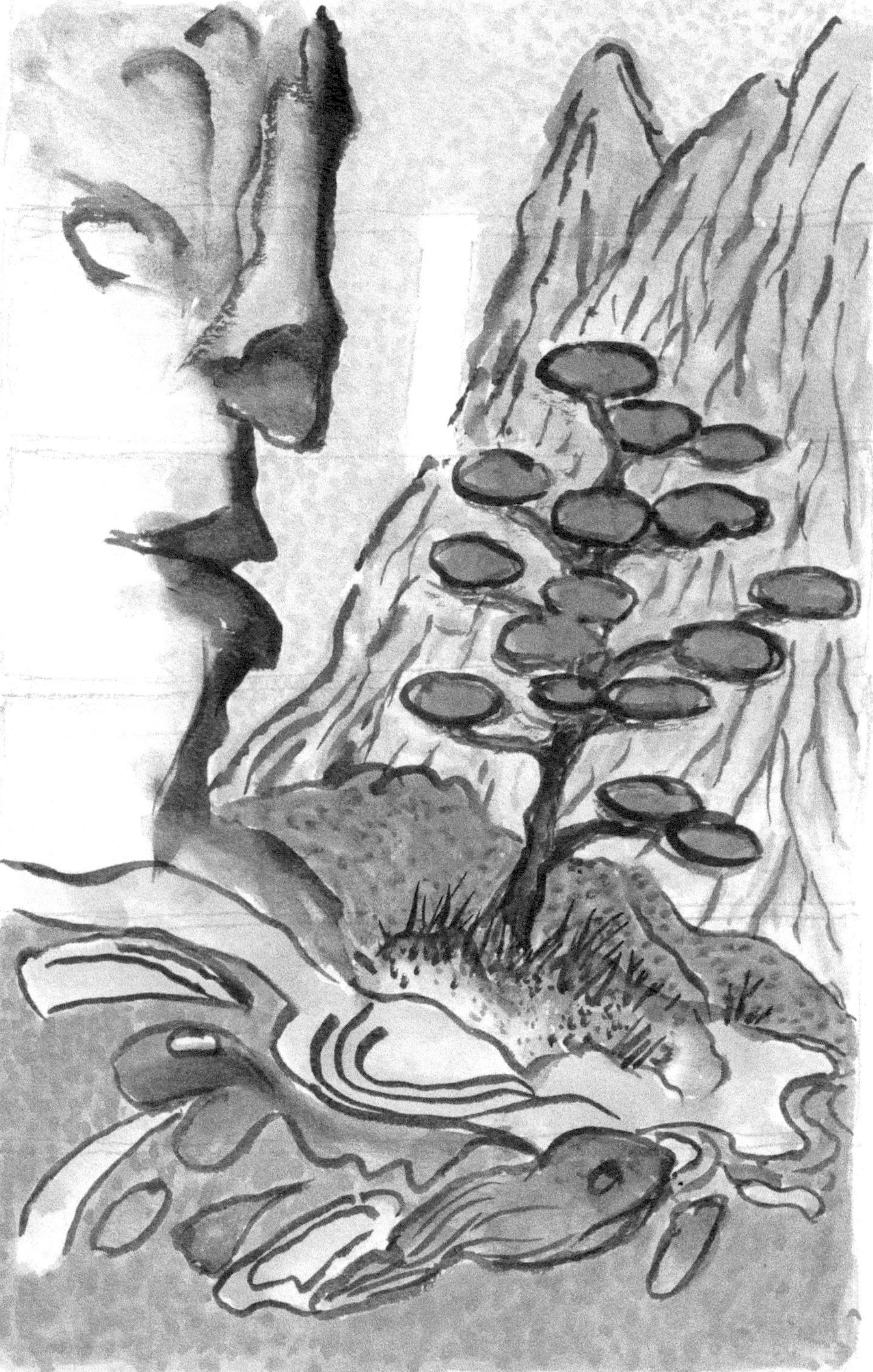

erste bürgerpflicht
im neusprech, die staatsräson
gartenzwergkultur

die gefahr erkannt
gefahr gebannt, die suppe
ist nicht angebrannt

Yijing kapitel XXIX

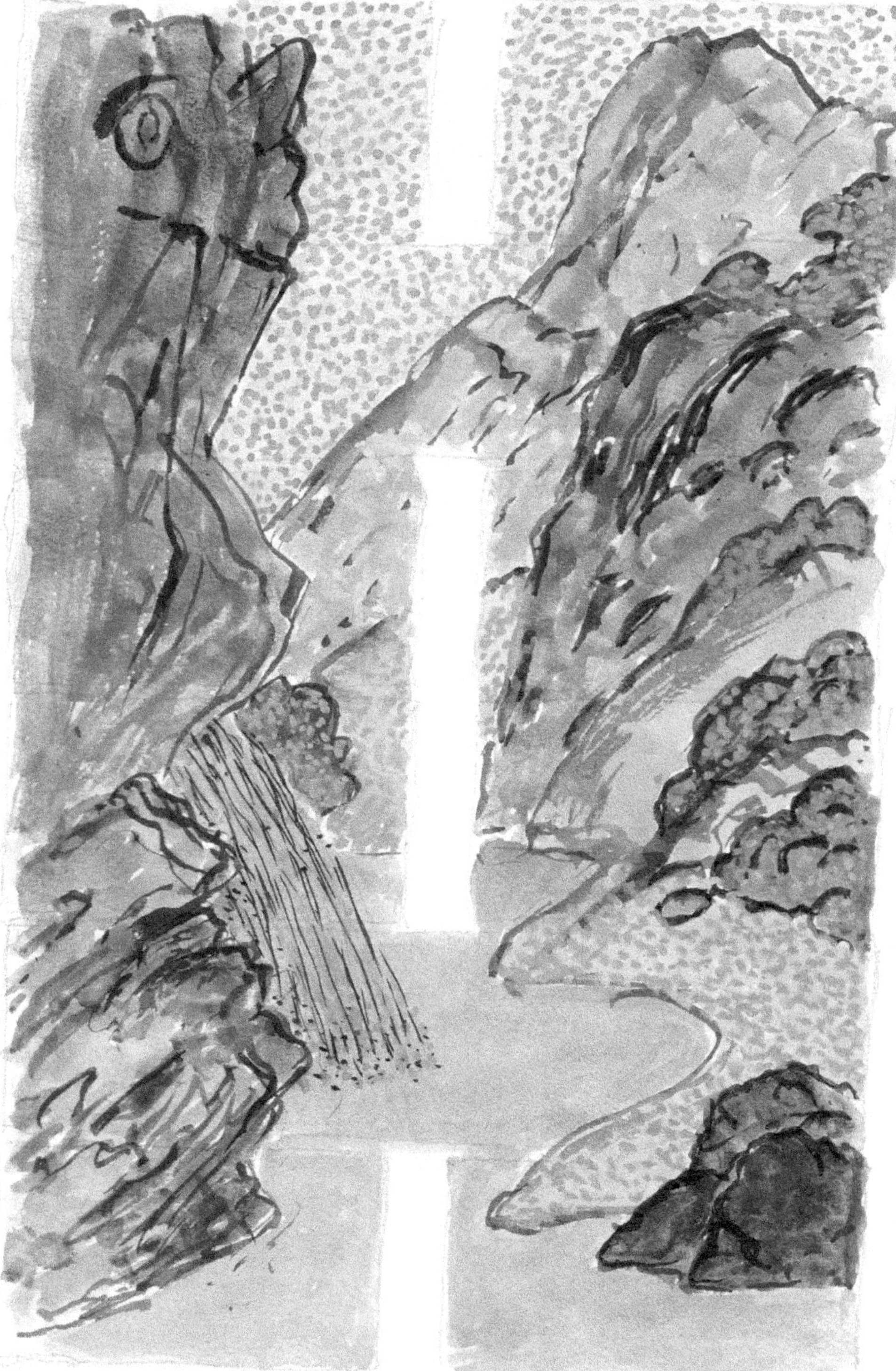

dieses land ist bestraft
narratei im aussenamt
zum gespött der welt

hab mich gewendet
eine volle umdrehung
alles wie gehabt

Yijing kapitel V

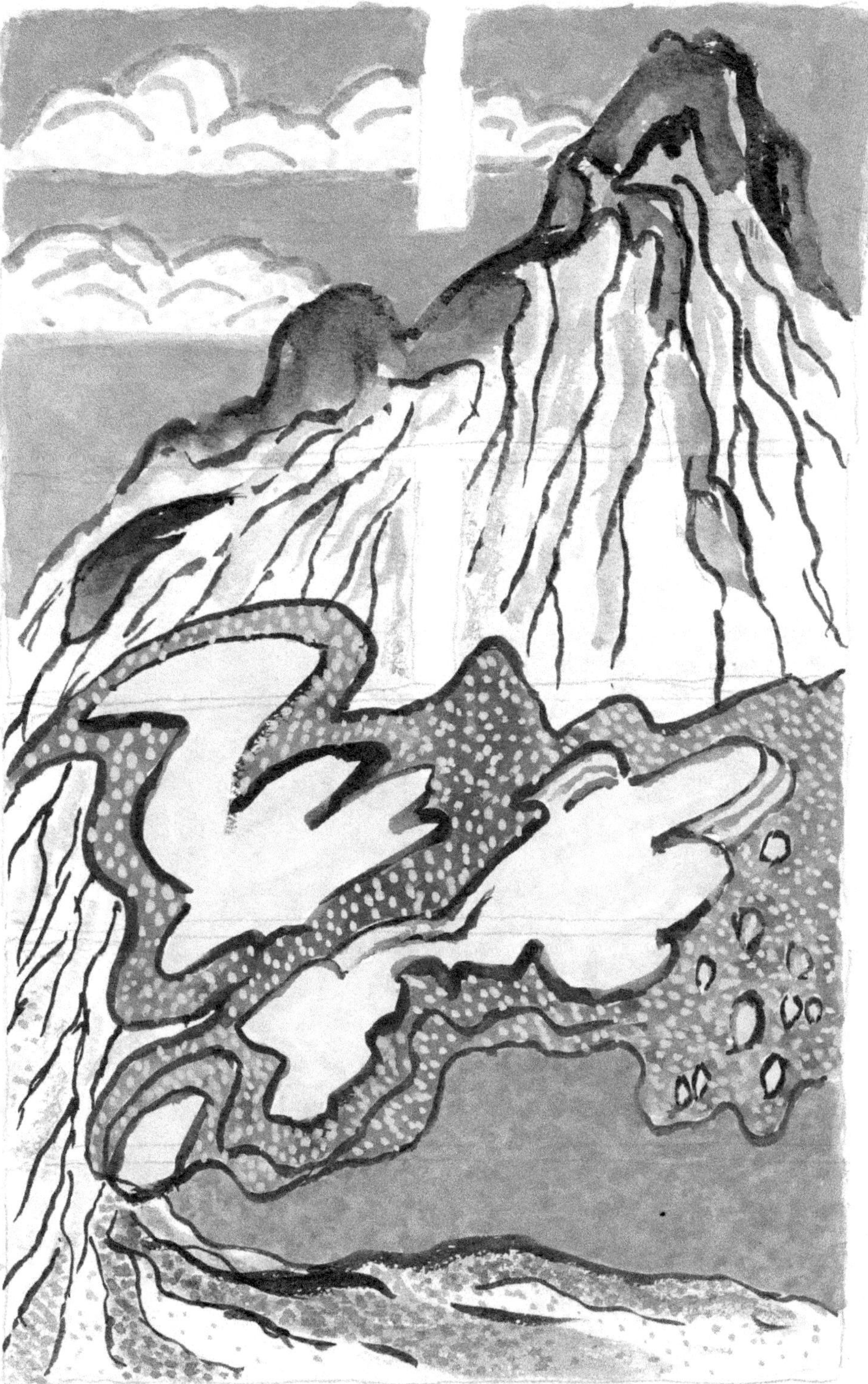

klangwelt der musik
dem woken sprech entzogen
noten gendern nicht

tauperle im sand
ein spiegel zerspringt im licht
requiem der nacht

Yijing kapitel XLVIII

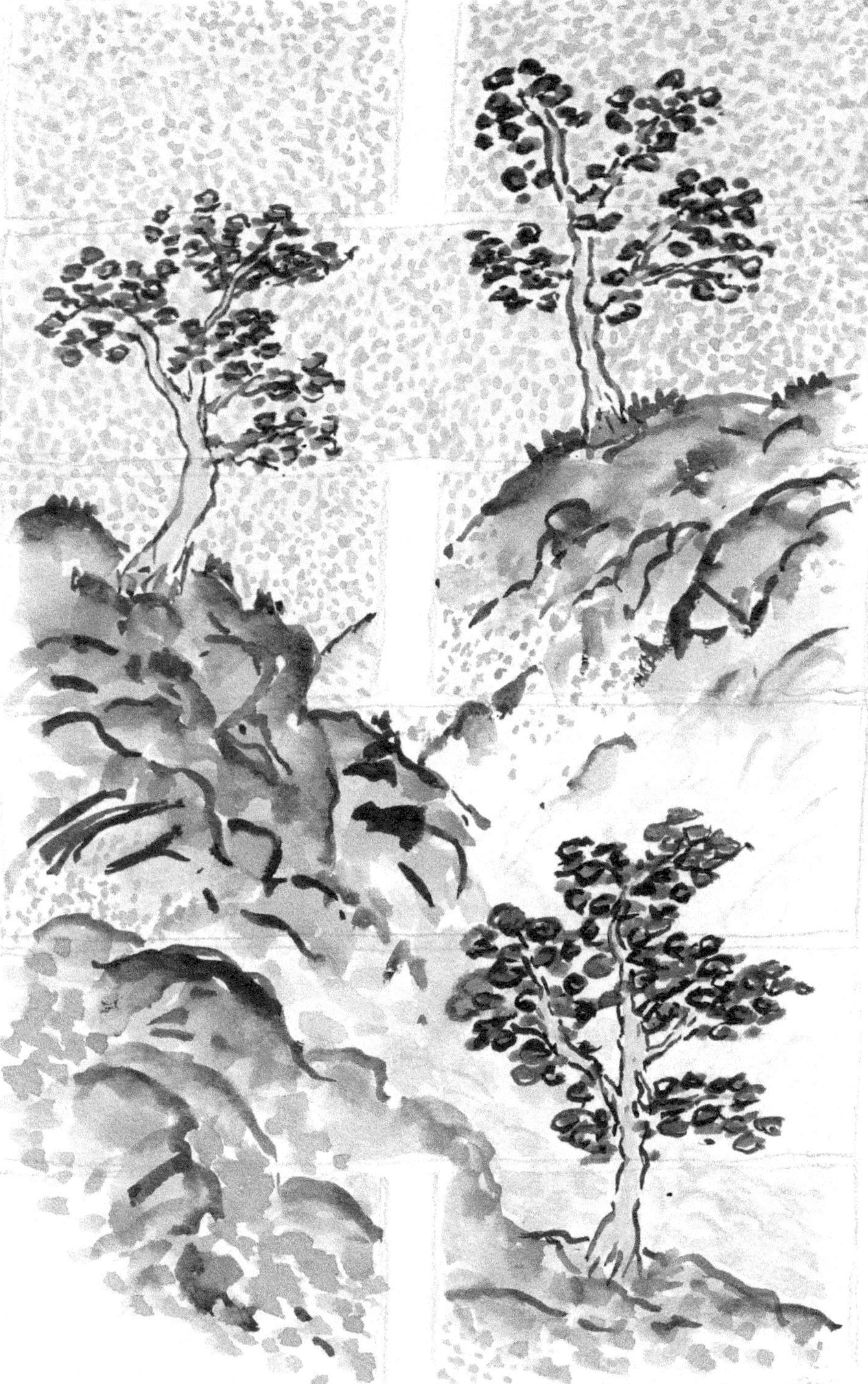

schöne neue welt
meinung ersetzt das denken
kopf frei für den krieg

ein wogendes meer
parkwiese im wechsellicht
wind in den bäumen

Yijing kapitel XXXV

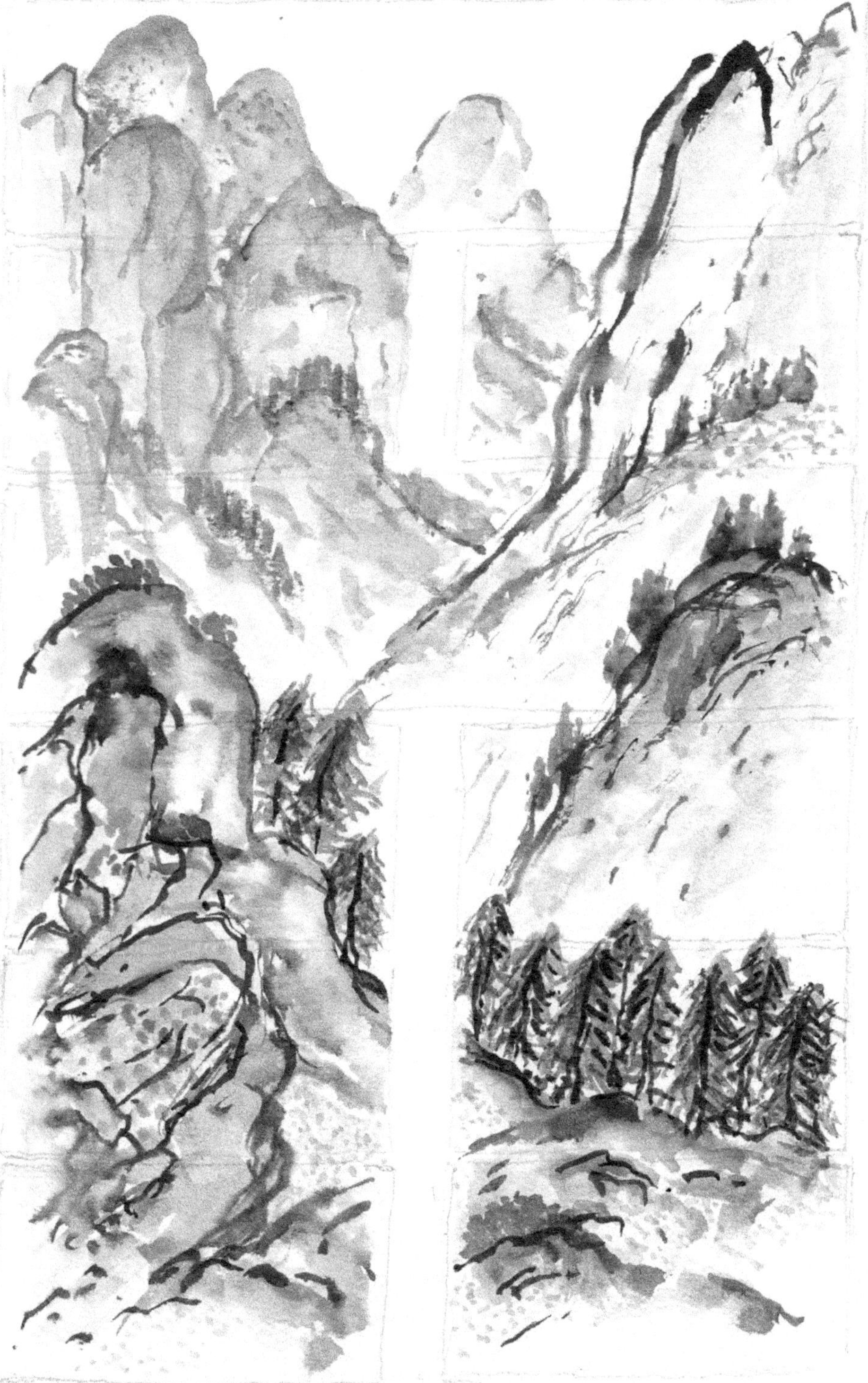

ihr wagt es
im zwist mit nachbarn
zum richter euch zu erklären

wagt es
ihn des teufels anzuklagen

ihr wagt es
das volk unmündig zu halten
gehorsam verordnend

wagt es
leben aufs spiel zu setzen

ihr wagt es
feindschaften zu erklären
menschsein abzusprechen

wagt es
ihr tut es immer wieder

ihr wagt es
lernt nicht aus vergangenem
denkt nicht an die zukunft

wagt es
ewige wiederholungstäter

ihr
tut es
immer wieder
ihr
tut es
immer wieder
ihr
tut es
immer wieder
ewige krieger

die mitwelt nennt das
mangelnden antrieb
als wärs eine krankheit
keinen ehrgeiz zu zeigen

wenigstens kein beitrag
zur entropischen unruhe
allzu vielen menschen
verordnetes sinngebräu

dessen funktion
gipfelt im dienst am krieg
nur der nichtsnutz
ist noch ein zweck an sich

eine warnung
traue niemals dem starken

was so täglich passiert, wie siehst du das?
die frische in der frühe eines sommertages

aber, nicht die nachrichten gehört?
lauschte dem sanften wind in den bäumen

auf welcher seite stehst du denn?
stille pfade abseits der geschäftigkeiten

und wer wehrt das böse in der welt?
vertraue nicht den vorlauten
die sich berufen wähnen
sie schaffen erst das böse

was sagst du da?
bedenke die weisheit des Lao-tzu
"was du schwächen willst
musst du vorher stark werden lassen"

verweise zu einigen textstellen

seite 7
"diese politik gipfelt in einem punkt
dieser eine punkt ist der krieg"
Walter Benjamin zitiert aus
»Das Kunstwerk im Zeitalter seiner technischen Reproduzierbarkeit«

seite 41
"eine warnung, traue niemals dem starken"
Der sinologe James Legge hat in seinem anmerkungen zu
Lao-Tzu's »Tao-Tê-King« allen kapiteln überschiften gegeben
so zum kapitel 76, "A warning against trusting strenght"

die abschließenden zwei verse des Lao-tzu
sind dem »Tao-Tê-King« kapitel 36 entnommen